Inge Walz

Neue Strohsterne

Schritt für Schritt zum Erfolg

Fotos: frechverlag GmbH, 70499 Stuttgart;
Fotostudio Ullrich & Co., Renningen; Fotostudio Täubner (Seite 4-9)

Auflage: 5. 4. 3. 2. 1. | Letzte Zahlen
Jahr: 2007 2006 2005 2004 2003 | maßgebend

frechverlag GmbH, 70499 Stuttgart
Druck: frechdruck GmbH, 70499 Stuttgart

ISBN 3-7724-3190-9 · Best.-Nr. 3190

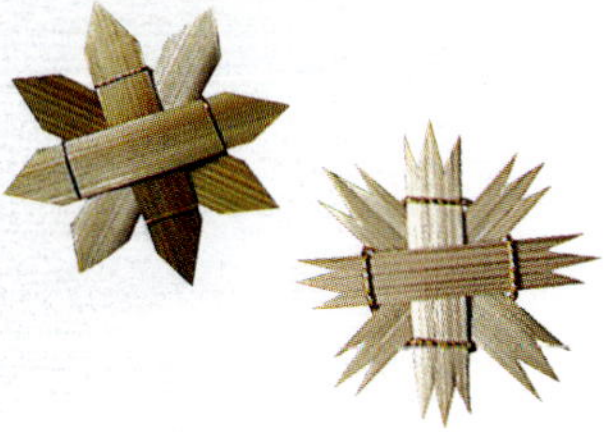

Liebe **Strohstern**freunde,

Stroh ist ein wunderbares Naturmaterial, aus dem Sie die unterschiedlichsten Strohsterne basteln können.

Die Liebe zu den Strohsternen wächst sicher bei jedem von Ihnen selbst gefertigten Kunstwerk.
Je mehr Sicherheit Sie beim Binden erreichen, desto mehr Spaß werden Sie an weiteren Sternen haben.

Sie können die gezeigten Modelle in unbegrenzten Möglichkeiten umgestalten, variieren und kombinieren. Tonkarton, gestanzte Sternchen, Perlen, Glitter, Binsen, Ähren und getrocknete Gräser sind Materialien, die toll mit Stroh kombiniert werden können.

Als Christbaumschmuck, Tischdekoration, Geschenkanhänger, als Schmuck für eine Weihnachtskarte, als Fenster- oder Türschmuck sind diese filigranen Motive ein Blickfang.

Ich wünsche Ihnen genauso viel Spaß beim Basteln, wie mir die Arbeit an diesem Buch bereitet hat.

Ihre

Inge Walz

Material und Werkzeug

- Stroh natur, gebleicht oder in verschiedenen Farben (Gelb/Orange/Hellbraun/Dunkelbraun/Grün/Blau)
- Langstroh, Binsen und Rauchweizen
- Silber- und Goldfaden in verschiedenen Stärken
- Gewürze
- Bast
- Glitter-Glue
- Tonkarton
- Bügeleisen
- Bügelunterlage
- Spitze Schere
- Alleskleber
- Klebefilm
- Styroporblock oder Korkenscheibe
- Stecknadel

Schritt für Schritt erklärt

Einweichen

Die Halme farblich getrennt so lange in warmem Wasser einweichen (20 bis 30 Minuten), bis sie weich sind. Gefärbtes Stroh farblich getrennt in kaltem Wasser einweichen. Gebleichtes Stroh kann schneller weiterverarbeitet werden als Naturstroh.

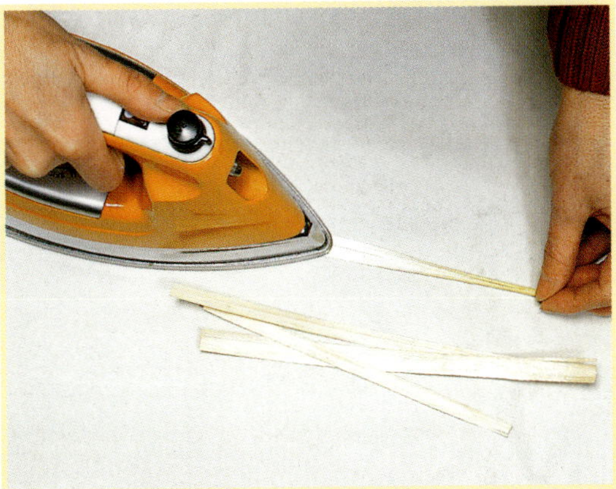

Stroh bügeln

Sind die Halme weich genug, werden sie mit Messer oder Schere aufgeschlitzt. Jetzt werden die Halme einzeln auf einem alten Bügeltuch oder einem Stapel Zeitungen auf der Halmrückseite vorsichtig gebügelt. Sollen die Halme gebräunt werden, die Vorderseite einfach etwas länger bügeln.

Tipp

Naturstroh knickt beim Bügeln leichter als gebleichtes Stroh. Die Spitze des Bügeleisens nicht nach unten drücken, damit die Halme keine Knicke und Druckstellen bekommen.

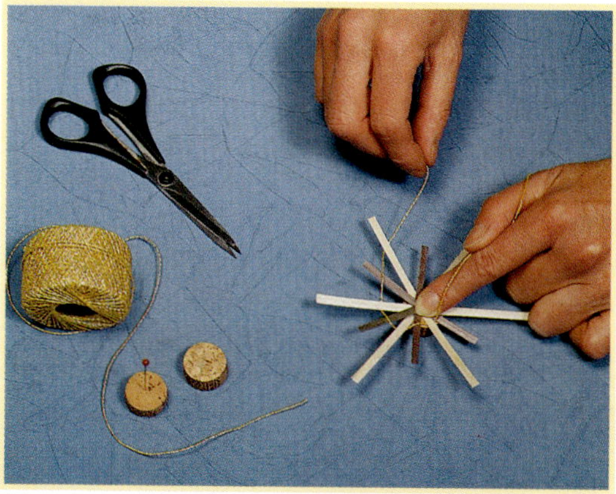

Sterne binden mit gebügeltem Stroh

Vor dem Binden ist es ratsam, die Halme nach gleicher Breite und Farbe zu ordnen.
Die Sterne werden zum Binden grundsätzlich auf die Rückseite gelegt. Da das gebügelte Stroh sich leicht wölbt, ist es einfacher den Stern auf der Rückseite zu binden. Zum Binden der Sterne kann eine Korkenscheibe (vom Flaschenkorken abgeschnitten) oder ein kleiner Styroporblock verwendet werden. Den Stern in der Mitte mit einer Stecknadel fixieren, damit die Halme nicht verrutschen können. Nun den Faden unter den Zeigefinger der Hand legen, die den Stern in der Mitte fixiert und abwechselnd unter und über den einzelnen Strohhalmen entlangführen. So webt man den Stern zusammen. Alternativ ist es möglich, den Stern an den Tischrand zu legen oder während des Bindens frei in der Hand zu halten. Zum Üben ist jedoch die Korkenscheibe eine große Erleichterung.

Zwei Sterne miteinander verweben

Das heißt, dass zwei Sterne versetzt – Lücke auf Lücke – aufeinander gelegt und mit einem Faden zusammengebunden werden.

Sterne binden mit ungebügeltem Stroh

Je nachdem wie fest der Faden angezogen wird, wirkt der Stern flacher oder plastischer. Da das Stroh beim Trocknen noch etwas schrumpft, ist es möglich, dass sich einzelne Halme etwas lockern. Wenn Sie den Faden zu fest anziehen, besteht die Gefahr, dass die Halme abgedrückt werden. Nach dem Binden und Einschneiden sind die Sterne zum Teil stark gewölbt. Solange sie noch feucht sind, können sie leicht mit einem schweren Gegenstand beschwert werden.

Spitzen einschneiden

Die Spitzen werden grundsätzlich erst nach dem Binden eingeschnitten. Sind die Halme nach dem Binden bereits getrocknet, weichen Sie den Stern nochmals kurz in Wasser ein.

Bei leicht brüchigem Stroh oder bei aufwendigen Einschnitten unbedingt vor dem Binden die Halme auf der Rückseite mit Klebestreifen fixieren. Bricht dennoch einmal eine Spitze ab, versucht man einen neuen, 1 mm schmäleren Strohhalm als Ersatz einzuziehen. Der schadhafte Halm wird erst dann entfernt, wenn der Ersatzhalm eingezogen ist.

Grundformen der Strohsterne

Viererstern (aus vier Strohhalmen)

Zwei Halme kreuzförmig übereinander legen, und die beiden anderen Halme auf Lücke so darauf legen, dass alle entstandenen Winkel gleich groß sind. Mit einem festen Faden binden und die Enden auf der Rückseite zusammenbinden.

Sechserstern (aus sechs Strohhalmen)

Drei Halme so legen, dass sechs gleichschenklige Dreiecke entstehen. Darauf auf Lücke die restlichen drei Halme legen und den Stern binden.

Achterstern (aus acht Strohhalmen)

Zwei Vierersterne binden, versetzt aufeinander legen und miteinander verweben. Oder alternativ einen Viererstern binden, darauf auf Lücke die restlichen vier Halme legen und den Achterstern binden.
Ganz geübte Bastler können auch zuerst einen Viererstern legen, darauf versetzt die restlichen vier Halme legen und den kompletten Stern in einem Arbeitsgang binden.

Einfache **Sterne** richtig binden

Aus 4 mach 8

Ein Viererstern besteht aus vier Halmen.
Viererstern + Viererstern = Achterstern

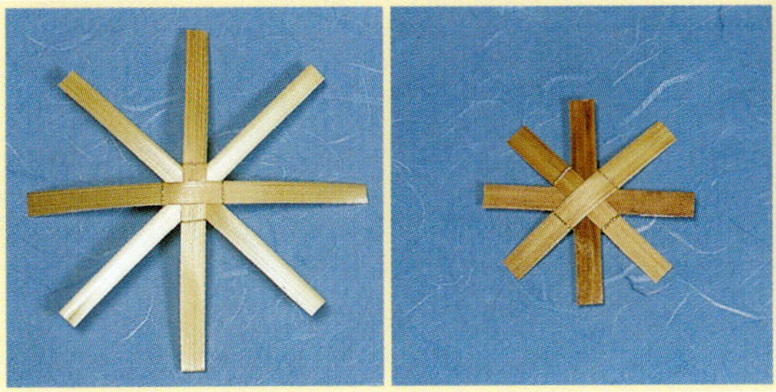

Aus 6 mach 12

Ein Sechserstern besteht aus sechs Halmen.
Sechserstern + Sechserstern = Zwölferstern

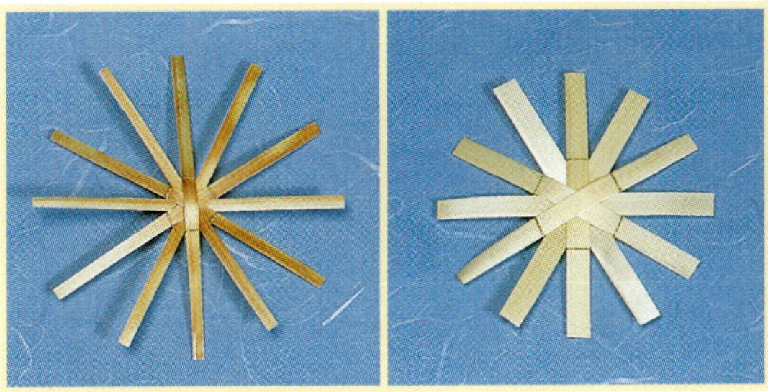

Aus 8 mach 16

Ein Achterstern besteht aus acht Halmen.
Achterstern + Achterstern = Sechzehnerstern

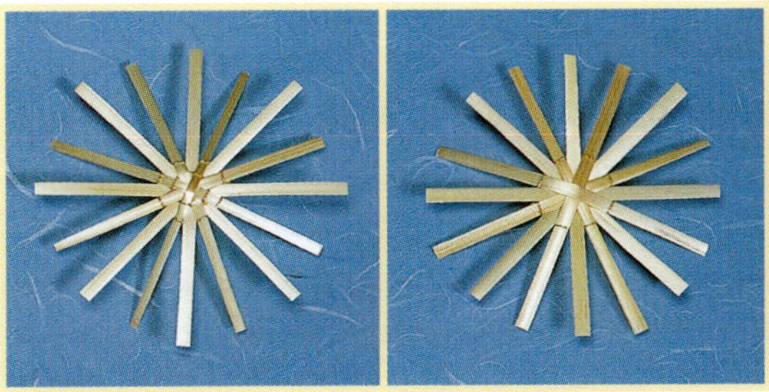
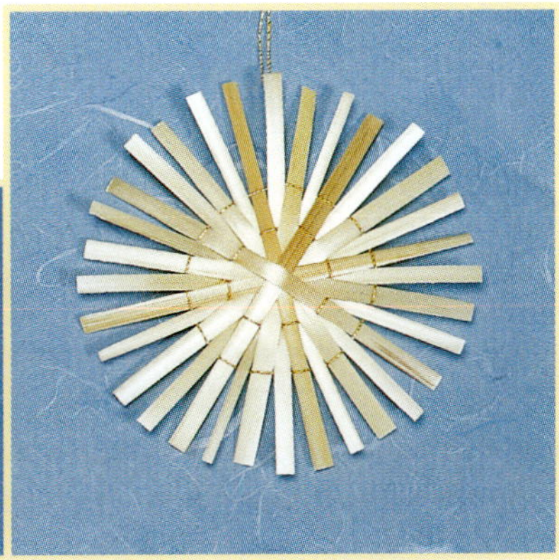

Strohsterne – einfach, aber wirkungsvoll

Motivgröße
ø 10 cm

Material
- 1 Viererstern aus dünnen Halmen, 10 cm lang
- 1 Viererstern aus breiten Halmen, 5 cm lang
- Goldfaden, ø 0,4 mm

Stern (Abb. oben links)

1. Beide Sterne so aufeinander binden, dass die langen Halme oben sind.
2. Die langen Halmenden werden spitz zugeschnitten und die kurzen Enden erhalten eine stumpfe Spitze.

Motivgröße
ø 10 cm

Material
- 1 Sechserstern aus breiten Halmen, 10 cm lang
- 1 Sechserstern aus dünnen Halmen, 7,5 cm lang
- Goldfaden, ø 0,4 mm

Stern (Abb. oben rechts)

1. Beide Sterne werden versetzt so aufeinander gelegt, dass der kleine Stern oben ist und miteinander zu einem Stern verwebt.
2. Sämtliche Halmenden werden abgerundet.

Motivgröße
ø 11 cm

Material
- 1 Sechserstern aus dünnen Halmen, 11 cm lang
- 1 Sechserstern aus mittleren Halmen, 8,5 cm lang
- Goldfaden, ø 0,4 mm

Stern (Abb. Mitte)

1. Die beiden Sterne versetzt aufeinander legen, sodass der Stern mit den dünnen Halmen oben ist und beide Sterne zu einem Stern verweben.
2. Sämtliche Halmenden werden schräg zur Seite hin zugeschnitten.

Motivgröße
ø 11 cm

Material
- 1 Viererstern aus je 2 dünnen Halmen, 11 cm lang und aus je 2 breiten Halmen, 8 cm lang
- 1 Viererstern aus mittleren Halmen, 10 cm lang
- 4 dünne Strohstreifen, 3,5 cm lang
- Goldfaden, ø 0,4 mm
- UHU Alleskleber

Tipp
Für die hier abgebildeten Sterne wurden sämtliche Halme gebügelt und leicht gebräunt.

Stern (Abb. unten)

1. Die beiden dünnen Halme über Kreuz legen und versetzt darüber die beiden breiten Halme. Alle vier Halme zu einem Stern binden.
2. Aus den 10 cm langen Halmen einen Stern binden.

3. Beide Sterne aufeinander legen und miteinander verweben.
4. Die vier breiten Halmenden an den Seiten leicht schräg anschneiden und aus der Mitte ein stumpfes V ausschneiden. Die restlichen Halmenden werden ebenfalls V-förmig eingeschnitten.
5. Die vier Strohstreifen kleben Sie auf die Spitzen der vier dicken Halmenden und schneiden diese Halmenden spitz zu.

Motivgröße

Großer Stern, ø 13,5 cm
Kleine Sterne, ø 4,5 cm

Material

- Goldfaden, ø 0,4 mm
- UHU Alleskleber

Großer Stern

- 6 Halme, 0,8 cm breit, 10,5 cm lang
- 7 Mini-Vierersterne, 3 cm lang

Kleine Sterne

- pro Stern sechs dünne Strohstreifen, 4,5 cm lang

Davidstern

1. Aus je vier kurzen Halmen (3 cm lang) einen Stern binden und die Enden V-förmig einschneiden.
2. Aus je drei Halmen (10,5 cm lang) ein gleichseitiges Dreieck an den Ecken zusammenkleben und mit der Schere die überstehenden Halme zum Dreieck zuschneiden. Nun werden die zwei Dreiecke versetzt übereinander geklebt und die Ecken mit den Mini-Strohsternen verziert.
3. Den siebten Stern mit einem Goldfaden in die Mitte hängen.
4. Die kleinen Davidsterne werden, wie in Punkt 2 beschrieben, zusammengeklebt.

Tipp

Für den Davidstern wurden sämtliche Halme gebügelt und leicht gebräunt.

Motivgröße

ø 16,5 cm

Material

- 1 Sechserstern aus sechs mittleren, ganzen, flach gebügelten Naturstrohhalmen, 15,5 cm lang
- 1 Sechserstern aus dünnen, ganzen, gebügelten Naturstrohhalmen, 11 cm lang
- 12 Mini-Vierersterne aus gebügeltem, leicht gebräuntem Stroh, 3 cm lang
- Goldborte, 0,5 cm breit, 18 cm lang
- Goldfaden, ø 0,4 mm
- UHU Alleskleber

Stern mit Goldborte

1. Die beiden Sterne versetzt so aufeinander legen, dass der kleine Stern oben liegt und mit der Goldborte zu einem Stern verweben.
2. Nun werden die kurzen Halme V-förmig eingeschnitten und die langen Halme abgerundet.
3. Die Ministerne spitz zuschneiden und je einen Stern auf eine lange Sternspitze kleben.

Funkelnde **Sternchen**

Motivgröße

ø 17 cm

Material

- 1 Achterstern aus dünnen gebügelten Halmen, 11 cm lang
- 1 Achterstern aus eingeweichten Binsenhalmen oder dünnem Langstroh, 17 cm lang
- 16 ausgestanzte Strohsternchen
- Motivlocher, Stern
- Silberfaden, ø 0,4 mm
- UHU Alleskleber

1. Beide Sterne werden versetzt so aufeinander gelegt, dass der Stern aus den 11 cm langen Halmen oben liegt, und mit dem Silberfaden zu einem Stern verwoben.
2. Die Enden des kleinen Sterns schräg abschneiden und die langen Halme mit den Sternchen bekleben.

Tipp

Die Sternchen können Sie auch aus buntem Papier oder aus Metall ausstanzen!

Naturstroh**sterne**

Motivgröße

ø 11,5 cm

Material

- 1 Sechserstern aus mittleren Halmen, 11,5 cm lang
- 1 Sechserstern aus mittleren Halmen, 7,5 cm lang
- Goldfaden, ø 0,4 mm
- Klebefilm

Stern (Abb. oben)

1. Beide Sterne versetzt so aufeinander legen, dass der kleine Stern oben liegt und beide Sterne zu einem Stern verweben.
2. Die Halmenden zu einer Seite hin abrunden und eine Kerbe in die nicht abgerundete Seite schneiden.

Motivgröße

ø 11,5 cm

Material

- 1 Sechserstern aus dünnen Halmen, 11,5 cm lang
- Sechserstern aus breiten Halmen, 8 cm lang
- Goldfaden, ø 0,4 mm
- Klebefilm

Stern (Abb. links)

1. Beide Sterne werden versetzt aufeinander gelegt, sodass der Stern mit den dünnen Halmen oben liegt. Die dünnen Halme schräg abschneiden.
2. Die breiten Halme werden nach Zeichnung eingeschnitten.

Tipp

Alle vier Sterne sind aus gebügeltem, leicht gebräuntem Stroh und mit feinem Goldfaden gebunden. Halmenden hinterkleben Sie vor dem Einschneiden mit Klebefilm. Die spitz und schräg zugeschnittenen Halmenden werden nicht hinterklebt.

Motivgröße

ø 11 cm

Material

- 1 Achterstern aus sehr dünnen Halmen, 11 cm lang
- 1 Viererstern aus breiten Halmen, 6,5 cm lang
- 1 Viererstern aus dünnen Halmen, 11 cm lang
- Goldfaden, ø 0,4 mm
- Klebefilm

Stern (Abb. rechts)

1. Den Viererstern aus 6,5 cm langen Halmen auf den anderen Viererstern legen und beide Sterne zu einem Stern verweben.
2. Nun werden der so erhaltene Achterstern und der Achterstern aus den sehr dünnen Halmen zu einem Stern verwoben.
3. Die breiten und die dünnen Halmenden als Dreierspitze schneiden. Die sehr dünnen Enden spitz zuschneiden.

Fortsetzung von Seite 16/17

Motivgröße
ø 12 cm

Material
- 1 Viererstern aus dünnen Halmen, 12 cm lang
- 1 Viererstern aus breiten Halmen, 7,5 cm lang
- Goldfaden, ø 0,4 mm
- Klebefilm

Stern (Abb. unten)

1. Beide Sterne versetzt aufeinander legen und zu einem Stern verweben. Der Stern aus dünnen Halmen liegt oben.
2. Die langen Halme werden V-förmig eingeschnitten und seitlich versetzt eingekerbt.
3. Die kurzen Halme erhalten eine Dreierspitze und seitliche Einkerbungen.

Eiskristalle

Motivgröße
Unterer Stern ø 11,5 cm

Material
- 1 Viererstern aus mittleren, gebügelten Halmen, 11,5 cm lang
- 2 mittlere, gebügelte Strohhalme, 11,5 cm lang
- Silberkordel, ø 0,8 mm
- 4 Strohstreifen, 3 cm lang
- 2 blaue Tonkartonstreifen

1. Aus den beiden blauen Kartonstreifen und den zwei 11,5 cm langen Strohhalmen einen Stern binden. Darüber den Viererstern legen und beide Sterne zu einem Stern verweben.
2. Die blauen Kartonstreifen werden mit den beidseitig V-förmig eingeschnittenen Strohstreifen verziert.
3. Die restlichen Strohhalmenden werden ebenfalls V-förmig eingeschnitten.

Tipp
Variieren Sie! Material wie oben, jedoch sind die Strohhalme etwas schmäler und die vier aufgeklebten Strohstreifen je 4 cm lang und sehr dünn (Abb. Stern oben).

Motivgröße

ø 19,5 cm

Material

- 1 Achterstern aus breiten, gebügelten, leicht gebräunten Strohhalmen, 11 cm lang
- 1 Achterstern aus dünnen, eingeweichten Binsen- oder Langstrohhalmen, 19,5 cm lang
- Goldkordel, ø 0,8 mm
- Klebefilm
- UHU Alleskleber

Stern (Abb. links)

1. Beide Achtersterne versetzt so aufeinander legen, dass der Stern aus den 11 cm langen Halmen oben liegt und beide Sterne mit Goldkordel zu einem Stern verweben.
2. Die Spitzen des 11 cm-Sterns werden mit Klebefilm hinterklebt und nach Zeichnung und Abbildung vorsichtig eingeschnitten.
3. Die Strohspitzen ebenfalls nach Abbildung auf die Binsen aufkleben.

Sonne, Mond und **Sterne**

Stern (Abb. rechts)

1. Die beiden Sterne so versetzt aufeinander legen, dass der dünne Stern oben liegt und beide Sterne zu einem Stern verweben.
2. Die langen Halme werden spitz zugeschnitten, die kurzen Halme erhalten jeweils eine Viererspitze und beidseitig jeweils noch Einkerbungen. Es ist ratsam die Spitzen vor dem Einschneiden mit Klebefilm zu hinterkleben.
3. Mit dem Motivlocher aus einem breiten Strohstreifen, der mit Klebefilm hinterklebt ist, die Sternchen ausstanzen. Diese Sternchen auf die langen, dünnen Halme kleben.

Tipp
Sie können die Sternchen auch aus buntem Karton oder Metall machen.

Motivgröße
ø 17,5 cm

Material
- 1 Sechserstern aus dünnen, gebügelten Halmen, 17,5 cm lang
- 1 Sechserstern aus breiten, gebügelten Halmen, 10,5 cm lang
- 12 ausgestanzte Strohsternchen, ø 1 cm
- Motivlocher, Stern
- Goldfaden, ø 0,4 mm
- UHU Alleskleber
- Klebefilm

Naturstroh**sterne** mit Rot

Motivgröße

ø 11 cm

Material

- 1 Sechserstern aus dünnen, gebügelten, leicht gebräunten Halmen, 10 cm lang
- 1 Sechserstern aus breiten, gebügelten, gebräunten Halmen, 11 cm lang
- 18 Perlen in Rot, ø 4 mm
- 1 Perle in Rot, ø 2 mm
- Baumwollfaden in Rot, ø 1 mm
- UHU Alleskleber

Roter Perlenstern (Abb. oben)

1. Bevor der Stern aus den breiten Halmen gebunden wird, neun Perlen auf den Faden auffädeln. Beim Binden darauf achten, dass sich die Perlen jeweils auf den breiten Halmen befinden. Die Halmspitzen hinten mit Klebefilm bekleben.
2. Nun den Sechserstern aus den dünnen Halmen auf den anderen Stern legen. Auf einen weiteren roten Faden neun Perlen auffädeln und beide Sechsersterne damit verweben. Diesmal befinden sich die Perlen auf den dünnen Halmen.
3. Die Halmenden des dünnen Sterns spitz zuschneiden. Die Enden des breiten Sterns erhalten Dreierspitzen und seitliche Einkerbungen.
4. Zum Schluss die kleine, rote Perle in die Mitte des Sterns kleben.

Tipp

Achtung, wenn Sie die Sterne zu locker binden, verrutschen die Perlen.

Motivgröße

ø 11 cm

Material

- 1 Viererstern aus mittleren, gebügelten Halmen, 11 cm lang
- 1 Viererstern aus breiten, gebügelten Halmen, 7 cm lang
- 4 Streifen aus dünnem, gebügeltem, rotem Stroh, 6,5 cm lang
- 4 Streifen aus dünnem, gebügeltem, rotem Stroh, 2,5 cm lang
- Baumwollfaden in Rot, ø 1 mm
- UHU Alleskleber

Stern mit rotem Stroh
(Abb. Mitte)

1. Die kurzen roten Streifen (beidseitig spitz zugeschnitten) mittig auf die langen Halme und die langen roten Strohstreifen auf die breiten Halme kleben.
2. Beide Sterne miteinander verweben und die Enden entsprechend der Vorlagen zuschneiden.

Fortsetzung von Seite 22/23

Rocailles-Perlenstern
(Abb. unten)

Motivgröße

ø 11 cm

Material

- 1 Viererstern aus dünnen, gebügelten Halmen, 11 cm lang
- 1 Viererstern aus breiten, gebügelten Halmen, 11 cm lang
- 2 Streifen aus mittlerem, gebügeltem, rotem Stroh, 2 cm lang, an den Enden V-förmig eingeschnitten
- 8 Rauten aus gebügeltem, rotem Stroh, 0,5 cm breit
- 40 Rocailles in Rot, ø 2,6 cm
- Goldfaden, ø 0,4 mm
- UHU Alleskleber
- Klebefilm

1. Auf zwei der breiten Halme werden mittig die zwei roten Strohstreifen geklebt. Die beiden Vierersterne binden.
2. Den Stern mit den breiten Halmen auf den dünnen Viererstern legen. Auf den Faden, mit dem beide Sterne miteinander verwoben werden, werden 32 Rocailles aufgefädelt. Die Perlen so anordnen, dass sich auf jedem breiten Halmende vier Perlen befinden.
3. Die dünnen Halme spitz zuschneiden, die breiten Halme zuvor mit Klebefilm hinterkleben und Dreierspitzen und Einkerbungen an den Seiten einschneiden.
4. Die breiten Halme werden mit den roten Rauten beklebt und auf die Spitzen wird jeweils eine Perle gesteckt und festgeklebt.

Der Komet

Motivgröße

ø 17 cm

Material

- 1 Zwölferstern aus dünnen, ganzen, flach gebügelten Halmen, 17 cm lang
- 1 Achterstern aus mittleren, gebügelten Halmen, 10 cm lang
- 1 Sechserstern aus dünnen, flach gebügelten Halmen, 6 cm lang
- Schweif: 8 dünne, flach gebügelte, ganze Halme, 21 cm lang
- 5 Mini-Vierersterne aus gebügelten Halmen, 3 cm lang
- Goldfaden, ø 0,4 mm
- UHU Alleskleber

1. In die Mitte des Zwölfersterns werden die Enden der Schweifhalme nebeneinander gelegt und leicht gespreizt festgeklebt.
2. Auf die Sternmitte zuerst den Achterstern und versetzt darauf den Sechserstern kleben.
3. Abschließend den Schweif nach Foto zuschneiden und mit den fünf Ministernen schmücken, deren Halmenden zuvor spitz zugeschnitten werden.

Motivgröße

34 cm lang

Material

- Je 1 Achterstern aus mittleren, ganzen, flach gebügelten Halmen, 5 cm und 7 cm lang
- Je 2 Achtersterne aus mittleren, ganzen, flach gebügelten Halmen, 6 cm lang
- Gummikordel in Rot
- Goldfaden, ø 0,4 mm
- 5 Wachsoliven in Gold, 6 mm lang
- 23 Wachsperlen in Gold, ø 3 mm
- 21 Rocailles in Rot, ø 2 mm
- Glitter Glue in Gold
- UHU Alleskleber

Rote Sternenkette

1. Jeden Stern mit einer Runde Gummikordel, Goldfaden und noch einer Runde Gummikordel binden. Die einzelnen Sterne mit Goldfaden, auf den abwechselnd die Perlen nach Foto aufgezogen werden verbinden. Damit die Perlen zwischen den Sternen nicht verrutschen, diese mit einem kleinen Knoten und etwas Klebstoff fixieren.
2. Jetzt an den untersten Stern noch drei Perlenfäden mit je 9 Perlen (5 Peren gold und vier Perlen rot) knoten.
3. Am Schluss die Sterne mit Glitter Glue gemäß der Abbildung verzieren.

Blaue **Sternen**kette

1. Die zehn gleichstarken Halme parallel nebeneinander legen und in der Mitte fest abbinden.

2. Nun wird nach 1,5 cm ein Bastfaden an einem Halm des Sternes eingehängt und die ganzen Halme mit dem Bast eingewoben, d.h. ein Fadenende wird über und ein Fadenende wird unter den nächsten Halm gelegt, einmal verdreht und unter und über den nächsten Halm gelegt etc. bis die Runde geschlossen ist. Die Bastenden werden verknotet.

3. Die Halmenden wie auf der Zeichnung abschneiden und den Stern mit Silberglitter verzieren.

4. Auf die Sternmitte wird eine Perle geklebt.

5. Die Sterne mit Silberfäden verbinden, auf die Perlen aufgezogen werden (siehe Abbildung).

Motivgröße

28 cm lang

Material

- Je Stern: 10 ganze, dünne, eingeweichte Strohhalme, 7,5 cm lang
- 10 Perlen in Blau, ø 6 mm
- 41 Rocailles in Silber, ø 2,6 mm
- Naturbast, 40 cm lang
- Silberfaden, ø 0,4 mm
- Glitter Glue in Silber
- UHU Alleskleber

Verzierte **Sterne**

Stern (Abb. oben)

1. Die breiten Halme auf der Rückseite mit Klebefilm verstärken.
2. Beide Sterne werden versetzt so aufeinander gelegt, dass der Stern mit den langen Halmen oben ist. Die kurzen Halme werden V-förmig eingeschnitten und die langen Halme spitz zugeschnitten und an den Seiten noch mit Kerben versehen.
3. Die Strohstreifen an beiden Enden V-förmig einschneiden und diese auf die oberen Halme des dünnen Sterns kleben.

Motivgröße
ø 11 cm

Material
- 1 Sechserstern aus mittleren, gebügelten Halmen, 11 cm lang
- 1 Sechserstern aus breiten, gebügelten Halmen, 7 cm lang
- 6 dünne, gebügelte, braune Strohstreifen, 1,5 cm lang
- Goldfaden, ø 0,4 mm
- UHU Alleskleber
- Klebefilm

Stern (Abb. rechts)

1. Beide Sterne versetzt so aufeinander binden, dass der dünne Stern oben liegt, und dessen Enden schräg abschneiden.
2. Auf jeden zweiten breiten Halm einen beidseitig schräg abgeschnittenen braunen Strohstreifen kleben, und die Enden der breiten Halme passend schräg abschneiden.
3. Die restlichen breiten Halme mit Klebefilm hinterkleben und an den Seiten einkerben. An den Enden schräg abschneiden.

Motivgröße
ø 9 cm

Material
- 1 Sechserstern aus dünnen, gebügelten Halmen, 9 cm lang
- 1 Sechserstern aus breiten, gebügelten Halmen, 9,5 cm lang
- 6 Streifen aus dünnem, gebügeltem, braunem Stroh, 2,5 cm lang
- Goldfaden, ø 0,4 mm
- UHU Alleskleber
- Klebefilm

Stern (Abb. links)

1. Beide Sterne werden versetzt so aufeinander gelegt, dass der größere oben liegt und dessen Enden als Dreierspitzen eingeschnitten werden können.
2. Auf die restlichen acht Halmenden in die Mitte die braunen Strohstreifen kleben.

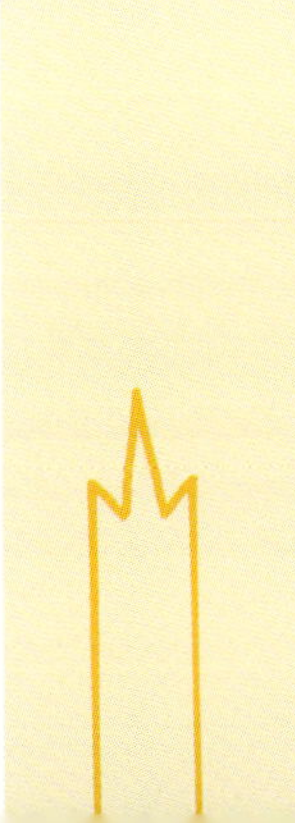

Motivgröße
ø 8,5 cm

Material
- 1 Viererstern aus mittleren, gebügelten Halmen, 7 cm lang
- 1 Viererstern aus mittleren, gebügelten Halmen, 6 cm lang
- 8 Streifen aus dünnem, gebügeltem, braunem Stroh, 3 cm lang
- Goldfaden, ø 0,4 mm
- UHU Alleskleber

Fortsetzung von Seite 28/29

Motivgröße

ø 11 cm

Material

- 1 Sechserstern aus breiten, gebügelten Halmen, 10 cm lang
- 1 Sechserstern aus dünnen, gebügelten Halmen, 11 cm lang
- 6 Streifen aus mittlerem, gebügeltem Stroh, 2,5 cm lang
- Goldfaden, ø 0,4 mm
- UHU Alleskleber
- Klebefilm

Stern (Abb. unten)

1. Beide Sterne versetzt so aufeinander binden, dass der dünne Stern oben liegt.
2. Die Halmenden des dünnen Sterns werden spitz zugeschnitten. Von den breiten Halmenden wird jedes zweite V-förmig eingeschnitten. Die restlichen sechs Halme werden mit Klebefilm hinterklebt und nach der Zeichnung eingeschnitten.
3. Auf die V-förmig eingeschnittenen Halme die braunen, ebenfalls auf beiden Seiten V-förmig eingeschnittenen, Strohstreifen kleben.

3-D-Bogen**stern**

Motivgröße

ø 28 cm

Material

- Je 1 Sechserstern aus ganzen, eingeweichten Strohhalmen, 7 cm und 12 cm lang
- 24 Streifen aus dünnen, gebügelten Strohhalmen, 21 cm lang
- 24 Binsen- oder dünne Langstrohhalme, 12 cm lang
- Goldfaden, ø 0,4 mm
- UHU Alleskleber

1. Die beiden eingeweichten Sechsersterne zu einem Stern verweben, sodass der große Stern oben liegt. Durch das Binden wölbt sich der Stern leicht.
2. Stern etwas antrocknen lassen.
3. Die Strohstreifen werden vorsichtig zwischen Daumen und Zeigefinger durchgezogen, damit sie eine schöne Rundung erhalten. (Geknickte Halme werden aussortiert).
4. Einen Strohstreifen in ein langes Halmende stecken, zwei lange Halmenden überbrücken und das Streifenende in das vierte lange Halmende einkleben. So fortfahren bis die restlichen elf Streifen eingeklebt sind.
5. Nun werden in die kurzen Halmenden ebenfalls zwölf Streifen eingeklebt. Abschließend sehr vorsichtig in die Mitte der kurzen Halme zwei Binsen- bzw. Langstrohhalme einkleben.

Strohsterne in Gelb-Braun

Motivgröße
ø 15,5 cm

Material
- 1 Viererstern aus sehr breiten, gebügelten Halmen, 8 cm lang
- 1 Viererstern aus eingeweichten Binsen oder dünnen Langstrohhalmen, 15,5 cm lang
- 1 Mini-Sechserstern aus dünnen, gebügelten, gelben Halmen, 3 cm lang
- 2 oder 3 breite, gebügelte, gelbe Halme
- UHU Alleskleber
- Klebefilm

Binsenstern (Abb. oben)

1. Beide Sterne so aufeinander legen, dass der Binsenstern unten liegt und zu einem Stern verweben.
2. Aus den gelben Halmen, die zuvor mit Klebefilm hinterklebt wurden, acht 1,5 cm lange Stücke schneiden. Die beiden Enden V-förmig einschneiden und auf die breiten Halmenden kleben.
3. Die Sternmitte mit dem Mini-Stern schmücken.

Motivgröße
ø 11 cm

Material
- 2 Achtersterne aus mittleren, braunen, gebügelten Halmen, 11 cm lang,
- 8 Streifen aus sehr dünnem, gelbem Stroh, 7,5 cm lang
- 24 Streifen aus sehr dünnem, gelbem Stroh, 1,5 cm lang
- Goldfaden, ø 0,4 mm
- UHU Alleskleber

Brauner Stern (Abb. Mitte)

1. Einen Achterstern mit den 7,5 cm langen, gelben Strohstreifen bekleben, die zuvor an beiden Enden spitz zugeschnitten werden.
2. Beide Achtersterne versetzt aufeinander legen, sodass der Stern mit den gelben Strohstreifen oben liegt und beide Sterne miteinander verweben.
3. Jedes vierte Halmende wird spitz zugeschnitten und mit einem Dreiersternchen aus den 1,5 cm langen Strohstreifen beklebt.
4. Die restlichen Halmenden werden V-förmig eingeschnitten.

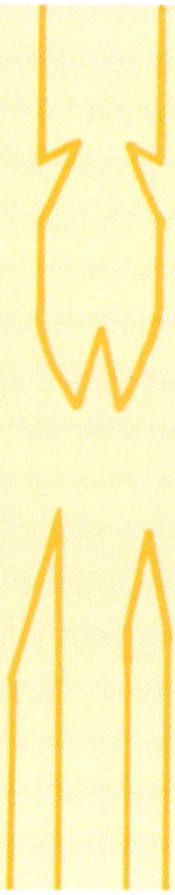

Motivgröße

ø 11 cm

Material

- 1 Sechserstern aus sehr dünnen, gebügelten, gelben Halmen, 11 cm lang
- 1 Sechserstern aus breiten, gebügelten, gelben Halmen, 11 cm lang
- 24 Streifen aus dünnen, gebügelten, braunen Strohhalmen, 11 cm lang
- Goldfaden, ø 0,4 mm
- UHU Alleskleber
- Klebefilm

Fortsetzung von Seite 32/33

Gelber Stern (Abb. unten)

1. Beide Sterne versetzt aufeinander legen, sodass der dünne Stern oben liegt und beide zu einem Stern verweben.
2. Die gelben, dünnen Halme spitz zuschneiden. Die breiten Halme werden leicht abgerundet, in die Mitte ein kleines V eingeschnitten und seitlich eingekerbt, jedoch vorher die Enden mit Klebefilm hinterkleben.
3. Die braunen Strohstreifen schräg abschneiden und, wie auf der Abbildung zu sehen ist, aufkleben.

Motivgröße

ø 22 cm

Material

- 1 Achterstern aus ganzen, eingeweichten Strohhalmen, 9 cm lang
- 1 Achterstern aus ganzen, eingeweichten Strohhalmen, 6,5 cm lang
- 16 Strohstreifen aus dünnem, gebügeltem Stroh, 18 cm
- 16 getrocknete Schilfrispen
- Goldfaden, ø 0,8 mm
- UHU Alleskleber

Rispen**stern**

1. In jedes Halmende des großen Sterns einen Strohstreifen kleben, dessen Enden in den jeweils folgenden dritten Halm einkleben, d.h. die Strohstreifen überbrücken jeweils zwei Halme. So fortfahren, bis alle Streifen eingeklebt sind und 16 gleichmäßige Bögen den Stern schmücken.
2. Den Stern umdrehen und auf der Rückseite jeweils zwischen die zwei Strohstreifen vorsichtig ein Büschel Rispen einkleben. Vor dem Einkleben muss der Stern ganz trocken sein.
3. Der Stern wird erneut umgedreht und auf die Sternmitte der kleine Achterstern mit den spitz zugeschnittenen Enden aufgeklebt.

Motivgröße

ø 30 cm

Material

- 1 Sechserstern aus ganzen, mittleren eingeweichten Halmen, 15 cm lang
- 1 Sechserstern aus ganzen, mittleren, eingeweichten Halmen, 9,5 cm lang
- 12 Rauchweizenähren
- 13 Mini-Vierersterne aus gebügelten Halmen, 3 cm lang
- Je 12 Streifen aus gebügeltem Stroh, 17 cm und 20 cm lang
- Goldfaden, ø 0,4 mm
- UHU Alleskleber

Ähren**stern**

1. Die beiden Sechsersterne versetzt so aufeinander legen, dass der große Stern oben liegt.
2. Nun werden jeweils ein kurzer und ein langer Strohstreifen in der Mitte vorsichtig abgeknickt und mit kleinem Abstand (siehe Abbildung) in die langen Halmenden geklebt. Das eine Streifenende in den ersten langen Halm, das andere in den daneben liegenden Halm. Die anderen Streifen werden ebenso eingeklebt. Nochmals die Abstände ausgleichen und in die kurzen Halmenden die Rauchweizenähren kleben.
3. Die Sternmitte und die Übergänge zwischen den Strohstreifen und den ganzen Halmen werden mit den Mini-Sternen verziert.

Motivgröße
ø 21 cm

Material
- 2 Sechsersterne aus ganzen, dünnen, eingeweichten Halmen, 14 cm lang
- 12 dünne, gebügelte Strohstreifen, ca. 4 cm lang
- 1 Mini-Viererstern aus mittleren, gebügelten Halmen, 3 cm lang
- 12 Gewürznelken
- Silberfaden, ø 0,8 mm
- UHU Alleskleber

Gewürznelkenstern

1. Die beiden Sechsersterne in feuchtem Zustand versetzt aufeinander legen und beide zu einem Stern verweben. Die Enden schräg abschneiden.
2. Den Stern für ca. eine Stunde unter ein dickes Buch legen, bis er etwas getrocknet und flacher ist.
3. Nun werden die Gewürznelken kreisförmig in der Sternmitte aufgeklebt. Anschließend den Mini-Stern darauf kleben.
4. Je drei feine Strohstreifen in regelmäßigen Abständen quer über die Halme legen (siehe Foto).

Sternanis und Gewürznelken

Motivgröße

ø 20 cm

Material

- 16 ganze, eingeweichte Strohhalme, 21 cm lang
- 8 Mini-Vierersterne aus gebügelten, mittleren Halmen, 3 cm lang
- 1 Sternanis
- 8 Gewürznelken
- Goldfaden, ø 0,4 mm
- Starker Zwirn in Hellbeige
- UHU Alleskleber

1. Die acht Mini-Sterne mit dem Goldfaden binden und die Halmenden V-förmig einschneiden.
2. Die sechzehn Halme werden nebeneinander gelegt, zwischen Daumen und Zeigefinger zusammengedrückt und in der Mitte fest mit Zwirn abgebunden. Jeweils vier Halme nach 1 cm wieder fest zusammenbinden. Die Halme müssen jeweils genau parallel nebeneinander liegen und dürfen auf keinen Fall übereinander rutschen.
3. Nun werden nach ca. 3 cm versetzt wieder je vier Halme zusammengebunden. Für die Spitzen nehmen Sie aus zwei nebeneinander liegenden Büscheln jeweils den inneren Halm und binden diese zwei Halme nach 3,5 cm fest zusammen. Die Spitzen werden nach 0,5 cm abgeschnitten. Für die äußere Spitze die beiden daneben liegenden Halme nach ca. 5,5 cm zusammenbinden und die Halmenden wieder nach 0,5 cm abschneiden.
4. Abschließend die Gewürze und Mini-Sterne nach Abbildung auf den Stern kleben.

Sterne im Silberlook

Motivgröße
ø 7 cm

Material
- 1 Sechserstern aus extra dünnen, gebügelten Halmen, 7 cm lang
- 1 Sechserstern aus mittleren, gebügelten Halmen, 5,5 cm lang
- Glitter Glue in Silber
- Faden in Orange

Kleiner Stern

1. Die beiden Strohsterne so versetzt aufeinander legen, dass der dünne Stern oben liegt und beide Sterne miteinander verweben.
2. Nun die kurzen Halmenden V-förmig einschneiden und die langen Halme schräg zuschneiden.

Tipp
Für alle Sterne wird gebügeltes Stroh in Orange verwendet. Den silbernen Glitter-Glue tragen Sie auf den fertig gebundenen Stern auf.

Motivgröße
ø 9,5 cm

Material
- 1 Achterstern aus dünnen, gebügelten Halmen, 8 cm lang
- 1 Achterstern aus mittleren, gebügelten Halmen, 9,5 cm lang
- Glitter Glue in Silber
- Faden in Orange

Mittlerer Stern

1. Beide Sterne werden versetzt so aufeinander gelegt, dass der dünne Stern oben liegt. Sterne miteinander verweben.
2. Sämtliche Halmenden werden nach Abbildung zugeschnitten.

Motivgröße
ø 11 cm

Material
- Je 1 Achterstern aus mittleren, gebügelten Halmen, 8 cm und 11 cm lang
- Glitter Glue in Silber
- Faden in Orange

Großer Stern

1. Beide Sterne so versetzt aufeinander legen, dass der kleine Stern oben liegt. Beide Sterne zu einem Stern verweben.
2. Sämtliche Halmenden werden V-förmig eingeschnitten.

Stern-blume

Motivgröße

ø 26 cm

Material

- 1 Sechserstern aus mittleren, gebügelten Strohhalmen, 10,5 cm lang
- 1 Sechserstern aus ganzen, dicken, eingeweichten Strohhalmen, 11,5 cm lang
- 24 dünne Binsen- bzw. Langstrohhalme, 10 cm lang
- 13 Mini-Vierersterne aus gebügeltem Stroh, 3 cm lang
- Je 6 dünne Strohstreifen aus gebügeltem Stroh, 21 cm lang, 17,5 cm lang und 13,5 cm lang
- Goldfaden, ø 0,8 mm
- UHU Alleskleber
- Klebefilm

1. Die beiden Sechsersterne so versetzt aufeinander legen, dass der flach gebügelte Stern, mit Klebefilm verstärkt, oben liegt, und beide Sterne mit Goldfaden zu einem Stern verweben.
2. Nun werden die hinterklebten Spitzen des oberen Sterns eingeschnitten, d.h. zuerst V-förmig und danach an jeder Seite zwei kleine Kerben.
3. Die Strohstreifen in die Enden des Sterns aus ganzen Halmen kleben, und zwar alle drei Streifenenden gleichzeitig – der äußere ist der längste Strohstreifen. Die anderen Streifenenden in das übernächste Halmende kleben. Auf diese Weise werden alle 18 Strohstreifen eingeklebt. Solange der Klebstoff noch nicht trocken ist, wird zwischen die Strohstreifen noch jeweils ein 10 cm langes Binsenstück eingesteckt.
4. In die noch leeren Halmenden jeweils drei dünne Binsenstücke sehr vorsichtig einkleben. Sollte ein Halm ausbrechen, ihn mit Goldfaden zusammenbinden und nachher einen Mini-Stern auf die Bindestelle kleben.
5. Abschließend die Sternmitte, die einzelnen Binsen und der Übergang der ganzen Strohhalme zu den Binsen jeweils mit einem Mini-Stern schmücken.

Romantische **Perlensterne**

Motivgröße

ø 11 cm

Material

- 1 Viererstern aus vier breiten, gebügelten, leicht gebräunten Halmen, 11 cm lang
- 1 Viererstern aus vier dünnen, gebügelten, dunkel gebräunten Halmen, 7,5 cm lang
- 8 Wachsoliven in Weiß, 6 mm lang
- Goldfaden, ø 0,8 mm
- Klebefilm

Stern (Abb. oben)

1. Beide Sterne so versetzt aufeinander legen, dass der kleine Stern oben liegt. Beide Sterne miteinander verweben.
2. Nun werden sämtliche Halmenden mit Klebefilm hinterklebt und mit einer Dreierspitze versehen. Die breiten Halme werden zusätzlich noch an den Seiten eingekerbt.
3. Auf einen Faden die Wachsoliven auffädeln und eine weitere Runde weben. Die Wachsoliven liegen jeweils auf den breiten Halmen. Die Fadenenden verknoten.

Motivgröße

ø 11 cm

Material

- 1 Achterstern aus mittleren, gebügelten, hellen Halmen, 11 cm lang
- 1 Achterstern aus dünnen, gebügelten, gebräunten Halmen, 11 cm lang
- 16 Acrylperlen, ø 6 mm
- Goldfaden, ø 0,4 mm
- Klebefilm

Stern (Abb. unten)

1. Den dünnen Stern versetzt auf den Stern aus den mittleren Halmen legen und beide Sterne zu einem Stern verweben.
2. Nun ein Fadenende festhalten und die sechzehn Perlen auffädeln. Diese jeweils auf den dünnen Halmen verteilen und die beiden Fadenenden fest zusammenbinden. Jetzt die Perlen nochmals genau auf die kurzen Halme nach ziehen, da sie beim Binden leicht verrutschen.
3. Die dünnen Halmenden werden V-förmig und die mittleren Halmenden ebenfalls V-förmig eingeschnitten und zusätzlich noch an den Seiten eingekerbt, jedoch vorher mit Klebefilm hinterklebt.

Filigraner **Stern**

Motivgröße

ø 15 cm

Material

- 1 Sechserstern aus dünnen, gebügelten, braunen Halmen, 8 cm lang
- 1 Sechserstern aus dünnen, gebügelten, gelben Halmen, 7,5 cm lang
- 1 Sechserstern aus dünnen, gebügelten, gelben Halmen, 15 cm lang
- 1 Sechserstern aus sehr dünnen, gebügelten, gelben Halmen, 15 cm lang
- 12 x 3 dünne, gebügelte, gelbe Halme, 2,5 cm lang
- 12 gelbe Strohdreiecke
- Goldfaden, ø 0,4 mm
- UHU Alleskleber

1. Die beiden kleinen Sechsersterne so miteinander verweben, dass der braune Stern oben liegt.

2. Die beiden großen Sterne ebenfalls versetzt aufeinander legen und verweben.

3. Nun werden die beiden so entstandenen Zwölfersterne zu einem Stern verwoben, dabei ist der braune Stern wieder oben.

4. Die kurzen Halmenden V-förmig einschneiden.

5. Jetzt werden je drei kurze Strohstreifen über Kreuz auf die Halmenden des etwas breiteren großen Sterns gelegt und mit Goldfaden zu kleinen Vierersternen gebunden. Die Enden der Mini-Sterne V-förmig einschneiden.

6. Die Enden des großen Sternes aus sehr dünnen Halmen werden spitz zugeschnitten und gemäß Abbildung die Dreiecke aufgeklebt.

Tipp

Wenn Ihnen das Binden der kleinen Sterne zu schwierig ist, können Sie die Sterne zusammenkleben. Den Stern können Sie auch mit kleinen Metall- oder Papiersternen verzieren. Benützen Sie dazu einen Motivlocher.

Goldstern

(Abb. Seite 1)

Motivgröße

ø 14,5 cm

Material

- 1 Sechserstern aus sehr dünnen, gebügelten, braunen Halmen, 11 cm lang
- 1 Sechserstern aus drei mittleren, gebügelten, braunen Halmen, 12 cm lang und drei etwas schmäleren, gebügelten, braunen Halmen, 11 cm lang
- Tonkarton in Gelb, 20 cm x 20 cm
- Alukrepp in Gold
- Goldfaden, ø 0,4 mm
- Klebestift
- UHU Alleskleber

1. Den Tonkartonstern einseitig mit dem Klebestift bestreichen, ein etwa gleich großes Stück Alukrepp auflegen, glattstreichen und den Stern ausschneiden.
2. Die gelbe Sternrückseite ebenfalls mit dem Klebestift bestreichen. Auch hier Alukrepp aufstreichen. Der Stern wird erneut ausgeschnitten.
3. Die beiden Sechsersterne binden und anschließend zu einem Stern verweben, sodass der Stern mit den dünnen Halmen oben liegt.
4. Die dünnen Halme werden schräg abgeschnitten, die langen breiten Halme spitz zugeschnitten und die restlichen sechs Enden jeweils mit einer Dreierspitze versehen.
5. Den fertigen Strohstern auf den Tonkartonstern kleben.

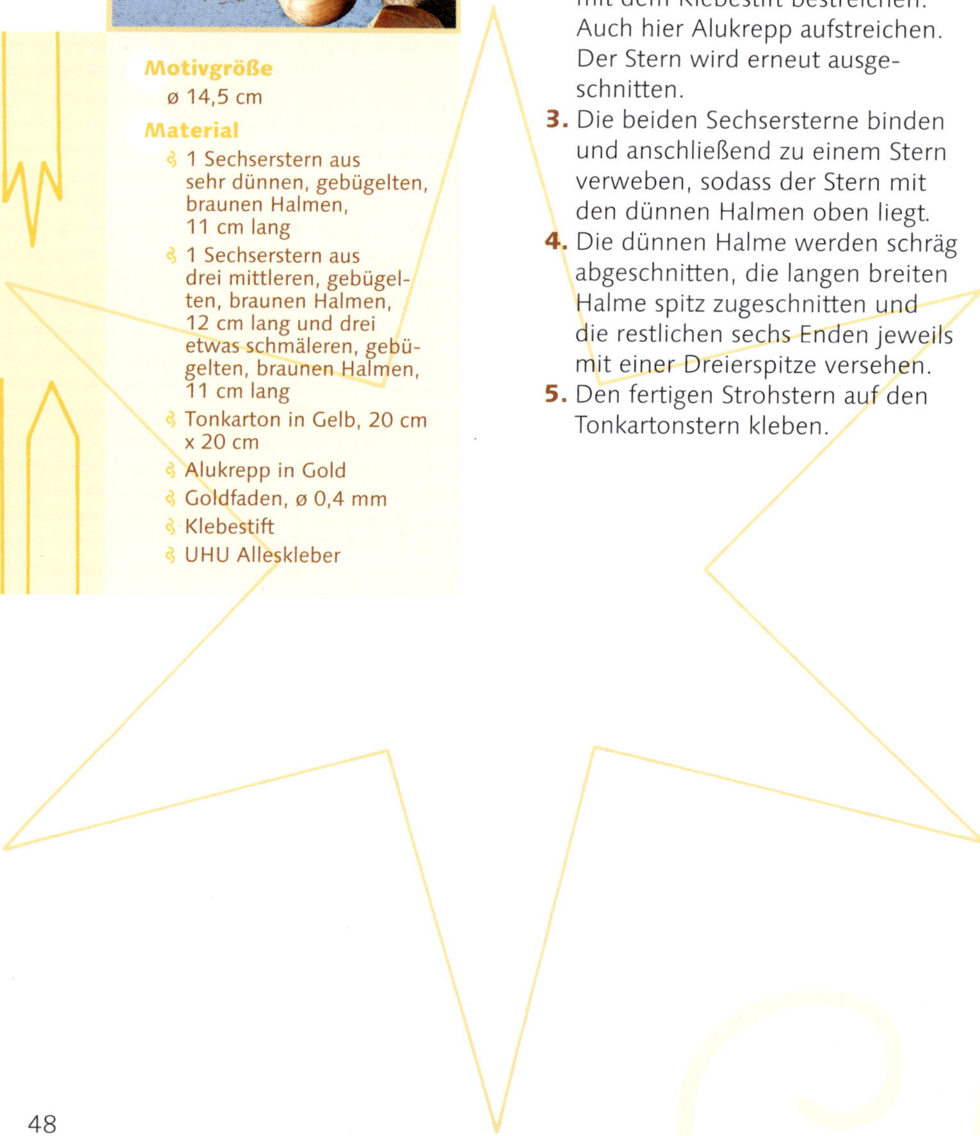